Bibliografische Information der Deutschen Nationalbibliothek:

Die Deutsche Bibliothek verzeichnet diese Publikation in der Deutschen National-
bibliografie; detaillierte bibliografische Daten sind im Internet über http://dnb.d-
nb.de/ abrufbar.

Impressum:

Copyright © 2001 GRIN Verlag, Open Publishing GmbH
Druck und Bindung: Books on Demand GmbH, Norderstedt Germany
ISBN: 9783638745680

Dieses Buch bei GRIN:

http://www.grin.com/de/e-book/1764/zugriffsschutz-am-beispiel-von-lotus-notes

Robin Lewis

Zugriffsschutz am Beispiel von Lotus Notes

GRIN Verlag

GRIN - Your knowledge has value

Der GRIN Verlag publiziert seit 1998 wissenschaftliche Arbeiten von Studenten, Hochschullehrern und anderen Akademikern als eBook und gedrucktes Buch. Die Verlagswebsite www.grin.com ist die ideale Plattform zur Veröffentlichung von Hausarbeiten, Abschlussarbeiten, wissenschaftlichen Aufsätzen, Dissertationen und Fachbüchern.

Besuchen Sie uns im Internet:

http://www.grin.com/

http://www.facebook.com/grincom

http://www.twitter.com/grin_com

Berufsakademie Stuttgart

Zugriffsschutz am Beispiel von Lotus Notes

Praxisbericht

vorgelegt am: 03.09.2001

Bereich: Wirtschaft

Fachrichtung: Wirtschaftsinformatik

Studienjahrgang: WWIG2000E

von:

Robin Lewis

Ausbildungsbetrieb:
MAVOS Software Consult AG
Kupferstr. 36

D-70565 Stuttgart

Abbildungsverzeichnis

Literaturverzeichnis

1.) Stahlknecht, P. und Hasenkamp, U: „Einführung in die
   Wirtschaftsinformatik.". 8. Auflage, Springer Verlag Berlin et al. 1997

2.) Dierker, Markus und Sander, Martin: „Lotus Notes 4.x – Arbeiten im Team",
   Addison-Wesley , 1996

3.) Kolm,Klaus und Frerking, Michael: "Lotus Notes/Domino R5",
   2. Auflage bhv Verlag, Kaarst, 2000

4.) "Lotus Application Developer's Guide", Lotus Development Corporation,
   1996

1 Allgemein

1.1 Einleitung

Aufgrund der intensiven Ausrichtung meines Unternehmens auf Lotus Notes, habe ich mich dazu entschlossen meine Praxisarbeit auf dieses Thema zu konzentrieren.

Für den Zeitraum meines zweiten Praxissemesters wurde ich einem Projektteam zugeteilt, das zur Aufgabe hatte ein Ferndiagnosesystem für Lotus Notes Datenbanken zu entwickeln. Der Hintergrund dieses Projekts war es Fehler und Probleme, vor Ort beim Kunden, schneller und effizienter, lokalisieren zu können.

Meine Aufgabe beschäftigte sich mit dem Zugriff auf Datenbanken. Ich wurde beauftragt eine Anwendung zu entwickeln, die aus einer übergebenen Datenbank,

die Zugriffsrechte ausliest, und diese an einen ebenfalls übergebenen Empfänger, per E-Mail, versendet.

Zu Beginn des zweiten Praxissemesters habe ich mich sehr intensiv mit dem Sicherheitskonzept und der Zugriffskontrolle unter Lotus Notes beschäftigt.

Aus diesem Grund habe ich beschlossen den Schwerpunkt dieses Praxisberichts auch auf diese Themen auszurichten. Am Ende möchte ich noch näher auf die Funktionen, und den Aufbau meiner Anwendung eingehen.

Zunächst möchte ich jedoch, in einem allgemein orientierten Teil, auf die historische Entwicklung, die Anwendungsgebiete, sowie auf die Funktionen und die Struktur von Lotus Notes eingehen.

1.2 Die historische Entwicklung von Lotus Notes

In den siebziger Jahren hatte der Amerikaner Ray Ozzie die Vision, eine Plattform zu schaffen, die es mehreren Personen ermöglichen sollte gemeinsam Informationen zu nutzen und zu bearbeiten.

1984 begann er, mit seiner Firma Iris Associates, damit eine Lotus Notes Version für den PC zu entwickeln. Im Jahr 1989 kam die erste Version von Lotus Notes auf den Markt, die de facto den Grundstein für den heutigen Groupware (s. Kapitel 1.3 „Groupware") Standard gelegt hat.

Seitdem wurde Lotus Notes bis zur heute aktuellen Version 5.05 weiterentwickelt.

Nachdem Lotus 1995 von der Firma IBM übernommen wurde, mauserte es sich weltweit zum Groupware Standard. Es setzt sich bis heute gegen alle Konkurrenzprodukte, wie beispielsweise MS Exchange, erfolgreich durch. Durch die Zugehörigkeit zum IBM Konzern kam es auch zu einer weltweiten Verbreitung der Lotus – Schulungszentren über das IBM Netzwerk.

1.3 Groupware

Um den Begriff Groupware eindeutig beschreiben zu können, ist es vorerst wichtig, Gruppenarbeit zu definieren. Unter Gruppenarbeit wird die gemeinsame Bearbeitung einer Aufgabe durch ein Team bzw. einer Gruppe verstanden. Ist die Gruppenarbeit computergesteuert, so wird von Workgroup Computing gesprochen.

Groupware unterstützt Kommunikation, Kooperation und Information am selben bzw. an verschiedenen Orten. Im Vordergrund steht dabei die Kommunikation, die Abstimmung zwischen Mitgliedern, sowie die gemeinsame Bearbeitung von Vorgängen. Durch Groupware werden Informationen ausgetauscht und in Teams bearbeitet. Groupware basiert auf der Architektur der verteilten Systeme (siehe auch Kapitel 3, „Client-Server-Archiktur").

Um die Aufgaben von Lotus Notes in der Praxis zu verstehen, ist es wesentlich Groupware und Groupware-Plattformen (Lotus Notes) auseinander zuhalten.

Groupware bedeutet: „Software für (Arbeits-) Gruppen" bzw. Software, die gruppenorientiertes Arbeiten, also Teamarbeit computerbasiert ermöglicht und unterstützt[1].

Eine Groupware-Plattform wie Lotus Notes bietet Grundfunktionalitäten und ermöglicht es Informationen im Team zu verteilen und zu verarbeiten. Es unterstützt LAN (Local Area Network = lokale Netzwerke), WAN (Wide Area Network = Internet) und Wählverbindungen (Remote Connections), was bedeutet, dass ein Notes-Server von jedem Standpunkt der Welt, per Telefon und Modem durch den zugriffsberechtigten Notes-Anwender anwählbar bzw. erreichbar ist.

---

[1] [Dierker, Sander, Arbeiten im Team, S. 19]

2 Was ist Lotus Notes ?

Lotus Notes ist eine universell einsetzbare, betriebssystemunabhängige, Groupware- plattform (siehe Kapitel 1.3).

Lotus Notes stellt seinen Benutzern eine ganze Reihe Basisfunktionalitäten zur Verfügung. Die wichtigsten unter ihnen sind:

- Die Dokumentenorientierten Datenbanken

  Dieser Datenbanktyp kann sowohl strukturierte, als auch unstrukturierte Daten aufnehmen. Das heisst die Felder der Datenbank sind so konzipiert, dass sie zum Teil unterschiedliche Datentypen mit flexiblen Datenlängen, aufnehmen können. Diese Felder nennt man „Rich Text Felder". Dies unterscheidet dokumentenorientierte Datenbanken von relationalen Datenbanken, die durch ihre starren Strukturen, normalerweise nur vordefinierte Datentypen mit vorgegebener Länge, aufnehmen können.

  Datenbanken unter Lotus Notes gewähren ein hohes Mass an Flexibilität, da sie über Gestaltungselemente wie: Masken, Ansichten und Ordner ohne grossen Aufwand individuell angepasst werden können (siehe Kapitel 4.2).

- Der Replikationsmechanismus

  Aufgrund der Client/Server Struktur von Lotus Notes (siehe Kapitel 3), gibt es die Möglichkeit, auf einem Client Rechner Kopien, sogenannte Repliken, von Dateien anzulegen, die auf dem Server abgelegt sind.

  Diese Kopien sind dynamisch. Das heisst über den Replikationsmechanismus erfolgen Abgleich und Synchronisation mit dem Original auf dem Server.

  Wenn beispielsweise Dateien auf einem Client weiterbearbeitet werden, so werden bei der nächsten Replizierung die Änderungen in der Originaldatei, auf dem Server, abgeglichen.

4

- Das Integrierte Mailsystem

  Lotus Notes bietet den Anwendern die Möglichkeit über ein leistungsfähiges, integriertes Mailsystem, miteinander zu kommunizieren. Dieses Mailsystem ist voll kompatibel mit anderen E-Mail Produkten, wie z.B. MS Outlook. Die Nachrichten können sowohl im lokalen Netzwerk, als auch über das Internet verschickt werden, und machen Lotus Notes dadurch zu einer effizienten Kommunikationsplattform.

3 Server/Client Struktur unter Lotus Notes

Zunächst einmal möchte ich auf die Begriffe Server und Clint eingehen:

Unter einem Client versteht man die Computer der Benutzer, die direkt über ein lokales Netzwerk (LAN), oder beispielsweise über das Internet mit einem Zentralrechner, dem sogenannten Server, verbunden sind.

Die Server/Client Struktur bedeutet, dass auf einem oder mehreren Servern die Datenbestände oder Programme abgelegt sind, während die angebundenen Clients lediglich Anfragen an den oder die Server schicken. Der Server schickt daraufhin hin die angeforderten Daten/Programme an den jeweiligen Client zurück.

Die Vorteile dieser Struktur sind:

- Der Server gibt nur die tatsächlich angefragte Datenmenge an den Client zurück. Dadurch wird das Netzwerk entlastet.
- Die Speicherbelastung der Clients ist recht gering, da die Datenbestände auf dem Server liegen. Dadurch müssen weniger Rechner mit hoher Speicherkapazität angeschafft werden
- Die Prozessorbelastung des Zentralrechners ist gering, da die Darstellung der Daten beim Client erfolgt. Dadurch wird eine bessere Performance des Servers erzielt.

Lotus Notes unterstützt, mit seiner Client/Server Struktur, alle grossen und gängigen Betriebssysteme.

5

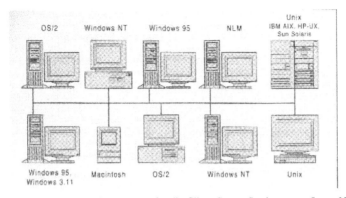

Abb. 1 gängige Betriebssysteme für die Client-Server Struktur unter Lotus Notes

Bei Lotus Notes gibt es Unterschiede bei der Programmvariante für Server und der für Clients. Die Serverversion hat keine grafische Oberfläche, da dies zu Lasten der Performance gehen würde. Die Server-Applikation verfügt über das „Database Management System(DBMS). Diese Komponente übernimmt sehr vielfältige Aufgaben, wie beispielsweise die Bearbeitung der Client Anfragen.

4 Datenbankentwicklung unter Lotus Notes

4.1 Werkzeuge der Version 4.x

Lotus Notes stellt Datenbankentwicklern eine umfassende Entwicklungsumgebung bereit, welche die Erstellung leistungsfähiger Applikationen weitreichend unterstützt. Nachfolgend werden die Werkzeuge der Entwicklungsumgebung erläutert.

1) **Simple Actions** sind vorgegebene Funktionen zur Lösung kleinerer Aufgaben

2) **Die Makrosprache** (auf „C" basierende Funktionen) stellt den Entwicklern unkompliziert zu benutzende, leistungsfähige Kommandos zur Verfügung.

3) **Lotus Script** ist eine plattformübergreifende, objektangelehnte Programmiersprache mit weitgehender Kompatibilität zu Microsoft's Visual Basic for Applications.

4) **HiTest API** ist eine Programmierschnittstelle für die Programmiersprachen C, C++ und Visual Basic. Sie folgt einem objektorientierten Modell und stellt ähnliche Funktionen bereit, wie die C-API (Application Programming Interface).

5) Die **C-API** macht fast alle Notes-Funktionen für externe Anwendungen nutzbar, jedoch sind Kenntnisse in der Programmiersprache C Vorraussetzung, um diese Schnittstelle sinnvoll nutzen zu können.

Die HiTest API und die C-API sind Werkzeuge für absolute Profis unter den Entwicklern. Für Standard Lotus Notes Entwicklungen sind die Makrosprache und LotusSkript ausreichend

4.2 Gestaltungselemente

<u>Masken</u>

Masken werden dazu benutzt, um dem Benutzer ein Dokument aus einer Datenbank anzuzeigen, oder um neue Dokumente in einer Datenbank zu erstellen.
Masken sind unerlässlich zum Erstellen, Lesen und Bearbeiten von Dokumenten.
Wird ein neues Dokument erstellt, werden die Daten nicht zusammen mit der Maske, sondern mit dem Dokument, das mit der Maske erstellt wurde, gespeichert.
Wenn ein Dokument aufgerufen wird, sucht Notes die Maske, mit der das Dokument erstellt wurde, um die Daten, in den dafür vorgesehenen Feldern anzeigen zu können.
Um die richtige Maske zu finden, erstellt Notes mit jedem Dokument ein verstecktes Feld namens „Form-Item", in dem der Name der Erstellungsmaske abgelegt wird.
Wird bei der Suche diese Maske nicht gefunden, so öffnet Notes das Dokument mit der, in der Datenbank, als Standard festgelegten Maske. Jede Datenbank besitzt eine Standardmaske.
Enthält die Standardmaske Felder mit denselben Namen wie die Erstellungsmaske, werden eben diese Felder angezeigt, wenn das Dokument geöffnet wird.
Andernfalls wird nur ein leeres Dokument angezeigt.

<u>Ansichten und Ordner</u>

Ansichten und Ordner ermöglichen es Informationen, die in einem Dokument abgelegt sind, unterschiedlich darzustellen und zu sortieren.
Nach bestimmten Kriterien kann, vom Anwender (bei Ordnern), oder vom Entwickler(bei Ansichten) festgelegt werden, welche Dokumente in Ansichten und Ordnern angezeigt werden sollen.
Der wesentliche Unterschied zwischen Ordnern und Ansichten besteht darin, dass in einer Ansicht nur diejenigen Dokumente angezeigt werden, die dem vom Entwickler festgelegten

Filterkriterium entsprechen. Bei einem Ordner, hingegen, bestimmt in der Regel der Anwender selbst, welche Dokumente dargestellt werden

Dokumente in Ansichten und Ordnern können selektiert, kopiert, gelöscht und, im Fall von E-Mails, weitergeleitet werden.

Navigatoren

Navigatoren in Notes sind nichts anderes als grafische Elemente, die dem Anwender ein einfaches Navigieren durch die Datenbank-Ansichten und Ordner ermöglichen.

Es gibt in jeder Datenbank einen Standardnavigator, über welchen alle Ansichten und Ordner erreicht werden können.

5 Sicherheit und Zugriff unter Lotus Notes

5.1 Das Sicherheitskonzept

Sobald Informationen auf elektronischem Wege, gemeinsam genutzt werden, müssen spezielle Sicherheitsvorkehrungen getroffen werden.

Lotus Notes verfügt über ein hierarchisch angeordnetes, vierschichtiges Sicherheitssystem, um Daten vor unbefugtem Zugriff zu schützen.

Server	Benutzer – ID mit Zulasungen
Datenbank	Zugriffskontrollliste (ACL)
Dokument	Leser- und Autorenfelder
Feld	Codierungsschlüssel

Abb. 2 Die Ebenen des Lotus Notes Sicherheitssystems

5.2 Die Sicherheitsmechanismen auf Serverebene

Jede Person und jeder Server in einem Notes Netzwerk, verfügen über eine ID-Datei.

In dieser Datei sind alle persönlichen Zugangsdaten, sowie die Zulassungen (s. 5.2.1) gespeichert. Die ID-Datei ist lokal auf dem Client- Rechner gespeichert und kann über ein Dialogfenster individuell, z.B in Form von Passwortänderungen, angepasst werden.

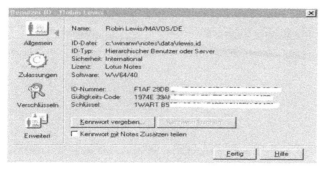

Abb.3 Benutzer ID

Nach dem Start von Lotus Notes wird zunächst das Passwort abgefragt. Das eingegebene Passwort wird mit dem, in der ID-Datei hinterlegten Passwort verglichen. Wenn das Passwort korrekt ist, wird die ID gültig und der Client nimmt Kontakt zum Server auf. Der Server überprüft die ID-Datei daraufhin, ob der Benutzer Zugriffsberechtigung hat.

Ab diesem Moment kann der Benutzer dann lokal, und auf dem Netzwerk arbeiten

5.2.1 Server-Zulassungen

Wenn ein Benutzer von seinem Client aus auf einen Notes – Server zugreifen will,

muss er vorher, von diesem, durch eine Zulassung berechtigt worden sein.

Standardmässig hat jeder Benutzer eine Zulassung für mindestens einen Server.

Um auf einem Server eine Zulassung zu bekommen gibt es die Möglichkeit eine Anfrage an diesen Server zu schicken(Abb.4). Die Anfrage wird dann vom Administrator des Servers bearbeitet.

Des weiteren gibt es noch Querzulassungen, d.h. eine Zulassung auf einen Server ausserhalb des eigenen Netzwerks, beispielsweise bei einem Kunden.

9

Abb.4 Zulassungen

5.3 Die Zugriffskontrolle auf Datenbankebene

Die Zugriffskontrolle auf Datenbankebene erfolgt über die Zugriffskontrollliste (ZKL bzw. im englischen **ACL** – Access Control List → s. Abb. 5).

In der ACL gibt es mehrere Einträge. Ein Eintrag wäre beispielsweise ein einzelner Benutzer, eine Benutzergruppe, oder ein Server. Zu jedem Eintrag gibt es:

1. Die Zugriffsrechte
2. Die Zugriffsoptionen
3. Die Funktionen

5.3.1 Die Zugriffsrechte

Es gibt unter Notes sieben verschiedene Zugriffstiefen, beginnend bei „kein Zugriff" bis „Manager". Der Entwickler einer Datenbank hat immer Managerrechte auf die Datenbank. Im Folgenden möchte ich genauer auf die Berechtigungen der einzelnen Zugriffstiefen eingehen.

1. „Kein Zugriff"

Die unterste Zugriffsstufe, steht normalerweise auf dem „Default" Eintrag, um Benutzern, die nicht namentlich oder in einer Gruppe in die ACL eingetragen sind, den Zugriff zu verwehren.

2.„Archivar"

Diese Zugriffsstufe gestattet es dem Benutzer lediglich Dokumente in der Datenbank zu erstellen, ohne sie jedoch später lesen oder bearbeiten zu können.

Wird zum Beispiel in Datenbanken verwendet die zu Umfragezwecken eingesetzt werden.

3.„Leser"

Mit dieser Berechtigung darf der Benutzer Dokumente in einer Datenbank lesen, ohne, jedoch Dokumente erstellen oder bearbeiten zu können.

Diese Zugriffstiefe findet bei Dokumentationen oder Handbüchern Anwendung.

4.„Autor"

Der Benutzer darf alle Dokumente lesen, aber auch neue Dokumente erstellen. Er kann selbst erstellte Dokumente später weiterbearbeiten.

Mitarbeiter, die nicht unbedingt Dokumente anderer Benutzer bearbeiten müssen bekommen normalerweise diese Zugriffstiefe.

5.„Editor"

Der "Editor" hat die selben Rechte wie der „Autor", ausser dass er auch Dokumente anderer Benutzer editieren darf.

Diese Zugriffstiefe wird an Mitarbeiter vergeben, die alle Dokumente in der Datenbank bearbeiten können sollen.

6."Entwickler"

Der „Entwickler" hat alle Rechte des „Editors" und darf darüber hinaus jederzeit Änderungen an den Gestaltungselementen der Datenbank vornehmen. Er darf Dokumente in der Datenbank löschen.

Diesen Zugriff erhalten in der Regel nur Entwickler

7."Manager"

Höchstes Zugriffsrecht, wird normalerweise nur an den Besitzer (= Entwickler) der Datenbank, und an den Server, auf dem die Datenbank liegt vergeben. Im täglichen Gebrauch hat nur der System Administrator Manager Zugriff auf die Datenbank.

Der Manager darf die ACL verändern und bei Bedarf die Datenbank löschen.

Abb. 5 Zugriffskontrollliste (ACL) unter Lotus Notes

5.3.2 Zugriffsoptionen

Die Zugriffsrechte jeder Zugriffstiefe lassen sich für jeden Eintrag entweder einschränken oder erweitern.

So kann man beispielsweise dem „Entwickler" das Recht entziehen Dokumente zu löschen, oder wiederum dem „Autor" das Recht geben Dokumente zu löschen.

5.3.3 Funktionen

Um bestimmten Benutzern in der ACL einige besondere Details in der Datenbank verfügbar zu machen, gibt es sogenannte Funktionen. Diese Funktionen stellen quasi ein Privileg für den jeweiligen Benutzer dar, da er auf Bereiche der Datenbank zugreifen kann, die anderen Mitarbeitern, auch wenn sie ein höheres Zugriffslevel haben, verschlossen bleiben.

Denkbar wäre die Vergabe von Funktionen beispielsweise für Mitarbeiter, die der Personalabteilung angehören, und als einzige Zugriff auf personenbezogene Daten haben sollten.

5.4 Der Schutz von Dokumenten

Es gibt unter Lotus Notes zwei verschiedene Möglichkeiten den Zugriff auf Dokumente zu steuern:

1. Lesezugriffslisten
2. Autoren- und Leserfelder

Lesezugriffslisten

Die Benutzer, die in der Lesezugriffsliste einer Maske eingetragen werden, haben die Berechtigung alle Dokumente, die mit dieser Maske erstellt wurden, zu lesen.

Als Standard dürfen alle Benutzer mit mindestens „Leser" Zugriff oder höher, Dokumente, die mit der Maske erstellt wurden öffnen.

Ausserdem gibt es die Möglichkeit festzulegen, wer Dokumente mit der Maske erstellen darf. Als Standard sind hier Benutzer mit dem „Autor" Zugriffsrecht oder höher eingetragen.

Sobald Namen in der Zugriffsliste angegeben werden, ist die Standardeinstellung nicht mehr gültig. Jetzt dürfen nur noch diejenigen Personen, die in der Zugriffsliste stehen auf Dokumente zugreifen, die mit der betreffenden Maske erstellt wurden.

Benutzer, die mit ihrer ACL Zugriffstiefe, die Berechtigung hätten, Dokumente mit einer Maske zu erstellen oder zu öffnen, in deren Zugriffsliste sie, jedoch, nicht eingetragen sind, können keine Dokumente öffnen oder erstellen.

Die Lese- bzw. Autorenzugriffsliste schränkt also die in der ACL auf Datenbankebene zugewiesene Zugriffstiefe ein. Allerdings können Benutzer ohne Zugriffsberechtigung keine Dokumente öffnen, selbst wenn sie in der Lesezugriffsliste einer Maske eingetragen sind. Die Lesezugriffsliste kann vom Benutzer selbst beim Erstellen eines neuen Dokuments festgelegt werden.

Leser- und Autorenfelder

In dem Moment, in dem die Standardeinstellung der Lesezugriffsliste geändert wird, erzeugt Lotus Notes ein internes Leser- bzw. Autorenfeld auf der Maske. Die Einträge aus der Lesezugriffsliste werden in Leser- bzw. Autorenfeldern gespeichert.

Diese Felder können, jedoch, auch manuell vom Entwickler festgelegt werden.

Dadurch kann man den Zugriff noch präziser einschränken, da man die Möglichkeit hat Formeln einzusetzen. Ausserdem werden die Möglichkeiten des Benutzers eingeschränkt, da er nicht mehr die Möglichkeit hat, beim Erstellen eines Dokuments den Zugriff in der Lesezugriffsliste selbst festzulegen.

5.5 Der Schutz von Feldinhalten

Bestimmte Felder innerhalb eines Dokumentes sollten nicht für alle Personen, welche die Berechtigung haben das Dokument zu öffnen, sichtbar sein. Zum Beispiel sollte auf einem Personalstammblatt nicht unbedingt jeder mit Leserzugriff ausgestattete Mitarbeiter das Feld sehen können, in dem das Gehalt gespeichert ist.

Um dies zu gewährleisten, gibt es die Möglichkeit Felder mit sensiblen Daten mit einem Codierungsschlüssel zu versehen. Nur Benutzer, die den Codierungsschlüssel haben können dieses Feld dann beim Öffnen des Dokuments sehen.

Der Codierungsschlüssel wird vom Entwickler beim Erstellen der Maske festgelegt. Zusammen mit der Benutzer-ID wird er gültig. Der Codierungsschlüssel wird vom System-Administrator an diejenigen Mitarbeiter weitergegeben, die das Feld sehen sollen. Für jeden, der nicht über den Codierungsschlüssel verfügt, bleibt das Feld unsichtbar.

6   Kundenprojekt

Im Mai wurde in meiner Firma ein Projekt zur Ferndiagnose, von Problemen mit unserer Firmenstandardsoftware gestartet. Der Hintergrund des Projekts war es die Kosten im Servicebereich zu senken, da viele unserer Kunden Service und- Update-Verträge haben. Im Rahmen dieses Projekts wurde ich damit beauftragt eine Anwendung zu entwickeln, mit der man ermitteln kann wie die Zugriffsrechte, einer übergebenen Datenbank verteilt sind.

Es kommt immer wieder vor, dass man bei der Fernwartung auf verschiedene Datenbanken, beim Kunden keinen Zugriff hat.

Der Zweck dieser Funktion besteht darin, dass man ohne grosse Probleme herausfinden kann wie die Zugriffsrechte auf Datenbanken vergeben sind.

Die Anwendung liesst zunächst aus einer übergebenen Datenbank alle ACL Einträge, und zu jedem Eintrag die Zugriffsrechte, Zugriffsoptionen, sowie die aktiven Funktionen, aus. Anschliessend werden die ausgelesenen Daten in ein Dokument geschrieben, welches an einen, ebenfalls übergebenen, Empfänger versandt wird (s. Abb.6).

Abb. 6 Mail mit den Daten aus der ACL

Der Einstieg in die Anwendung gestaltet sich wie folgt:

1. Zunächst wird die Anwendung über einen Knopf in der Aktionsleiste aufgerufen.
2. Der Benutzer wird über eine Eingabebox aufgefordert den Namen der Datenbank und des Servers, sowie die E-Mail Adresse des Empfängers anzugeben
3. Anschliessend wird die Funktion gestartet
4. Im ersten Schritt holt sie sich die Datenbank in Zugriff und erstellt ein Dokument.
5. Im zweiten Schritt werden alle ACL Einträge, mit den jeweiligen Zugriffsrechten, Zugriffsoptionen und Funktionen in einer Schleife ausgelesen, und in Variablen gespeichert.
6. Im dritten Schritt werden die Daten aus den Variablen in das Dokument geschrieben. Die Schritte 5.) und 6.) werden für jeden Eintrag in der Datenbank wiederholt.
7. Wenn alle Einträge ausgelesen sind, wird das Dokument per E-Mail an den übergebenen Empfänger versandt.

Nach der Fertigstellung der Anwendung wurde diese ausführlich von mir getestet, und schliesslich als Standardprodukt in die Mavos Werkzeugpalette aufgenommen.